AF279698

SAMUEL PEREJÓN BARRERA
SEBASTIÁN MACÍAS SARRIA

PENSAMIENTOS
HECHOS TINTA

EXLIBRIC

ANTEQUERA 2024

PENSAMIENTOS HECHOS TINTA
© Samuel Perejón Barrera y Sebastián Macías Sarria
Diseño de portada: Dpto. de Diseño Gráfico Exlibric

Iª edición

© ExLibric, 2024.

Editado por: ExLibric
c/ Cueva de Viera, 2, Local 3
Centro Negocios CADI
29200 Antequera (Málaga)
Teléfono: 952 70 60 04
Fax: 952 84 55 03
Correo electrónico: exlibric@exlibric.com
Internet: www.exlibric.com

ISBN: 979-13-87528-15-7
Depósito Legal: MA 2728-2024

Impresión: PODiPrint
Impreso en Andalucía – España

Nota de la editorial: ExLibric pertenece a Innovación y Cualificación S. L.

SAMUEL PEREJÓN BARRERA
SEBASTIÁN MACÍAS SARRIA

PENSAMIENTOS HECHOS TINTA

ExLibric

Y vivieron felices,
pero… ¿quién dijo juntos?

Con lo bonito que fue
compartir contigo mi vida…

Hoy me toca despedirme de ti,
mi amada.

SAMUEL PEREJÓN

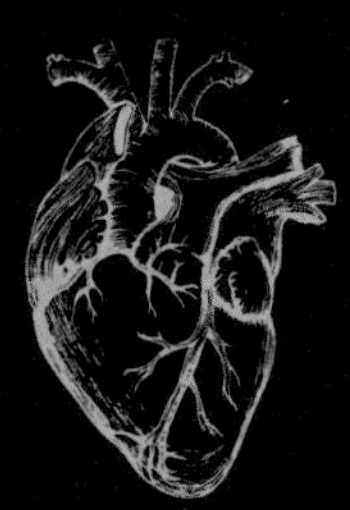

Me perdí tanto tanto
en su mirada, que sus ojos
me encantaban.

No eran ni azules ni verdes.
Eran color marrón,
marrón que quita el sueño,
marrón que produce desvelo.

SEBASTIÁN MACÍAS SARRIA

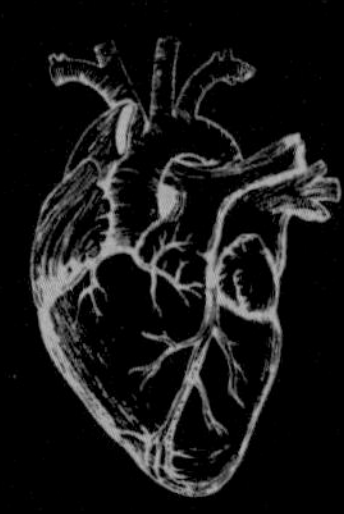

Lloré, lloro y lloraré
hasta ahogarme y, aun así,
no puedo olvidarte.

SAMUEL PEREJÓN

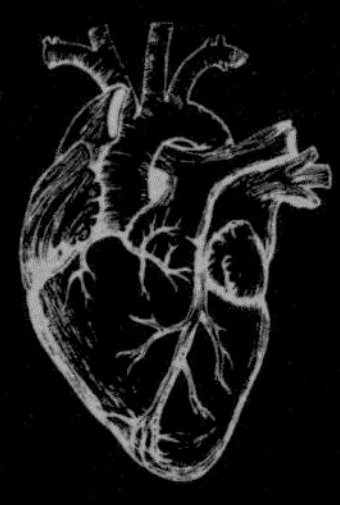

Te quiero tanto…

… que voy a tener
que quererte en silencio,
porque solo me queda esa opción.

SEBASTIÁN MACÍAS SARRIA

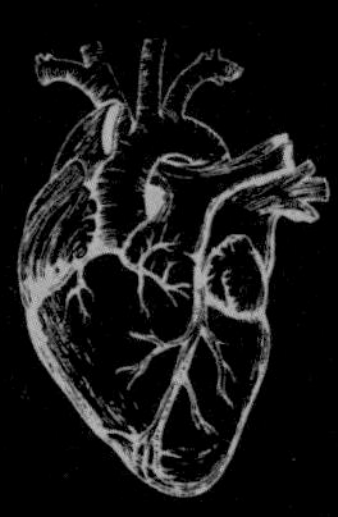

La verdad,
te echo tanto de menos
que mi Spotify suena a ti.

Pero…

… no vales la pena
como para buscarte.

SAMUEL PEREJÓN

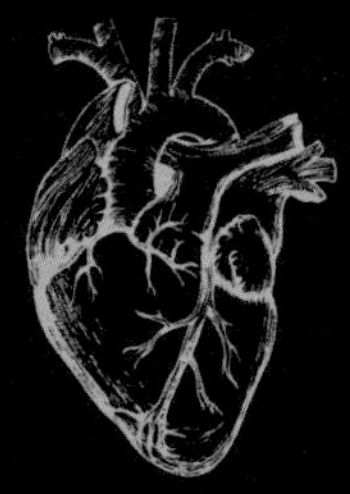

Mi mayor sueño es…

… enamorarme de alguien
que logre enseñarme
que el amor no duele.

Aunque me gustaría,
y me encantaría,
que fueras tú.

SEBASTIÁN MACÍAS SARRIA

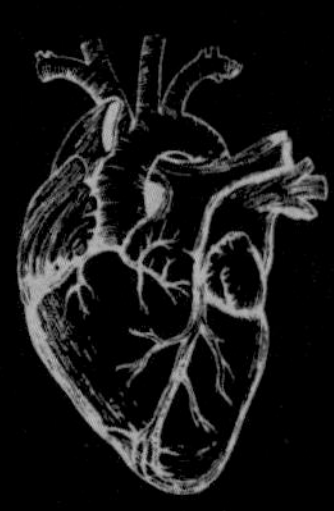

Una pena que no llegásemos
a ser algo, porque, carajo,
cómo te quise.

Y, aun así, yo sigo brindando
por ese «hola» que hizo
que nos conociéramos.

SAMUEL PEREJÓN

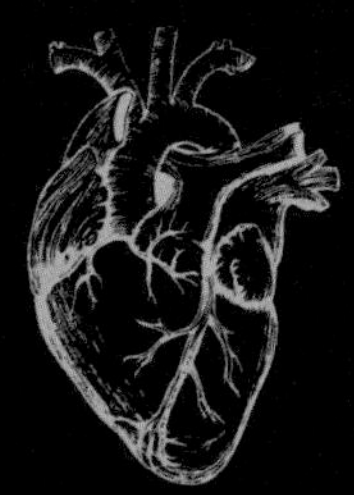

Aunque te cueste,
sé que algún día te darás cuenta
de lo mal que me trataste
cuando lo que yo hacía era amarte.

SEBASTIÁN MACÍAS SARRIA

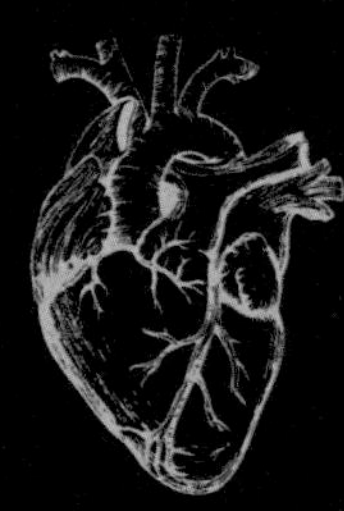

Lo malo de dejar de insistirte
es que no me buscaste.

Y ahí fue cuando noté
que también mueren los lugares
donde fuimos felices.

Samuel Perejón

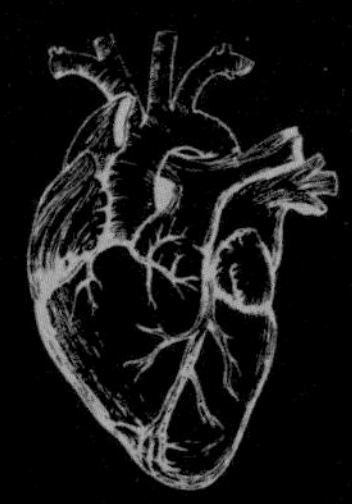

Para qué ver la luna y las estrellas,
si solo con mirar tus ojos
puedo ver todo un universo.

Pero, aun así, prefiero no mirarte.

SEBASTIÁN MACÍAS SARRIA

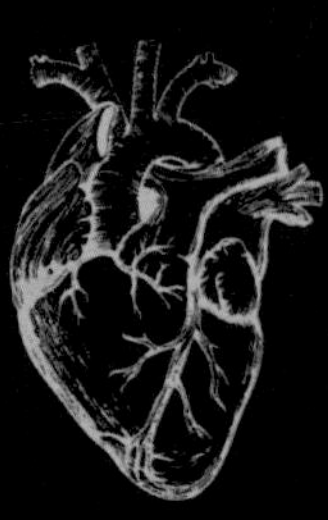

Y aunque me cueste admitirlo,
tú eres y serás el amor de mi vida.

Y yo para ti solo seré un recuerdo
de tu adolescencia.

SAMUEL PEREJÓN

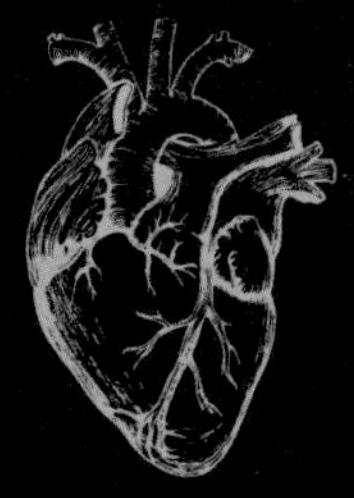

Solo un abrazo de ella
me devolverá la paz que necesita mi alma
y aliviará el dolor de mi corazón.

Y lo peor de todo… que nunca pasará.

SEBASTIÁN MACÍAS SARRIA

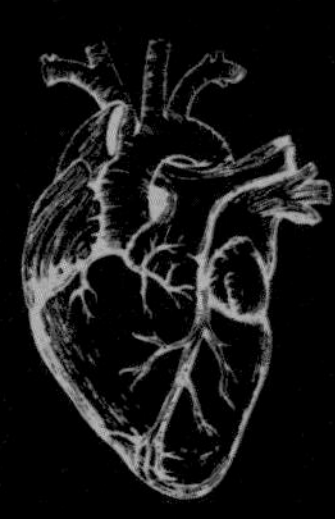

La parte más bonita de mi día es verte.

Pero…

… como no siempre puedo hacerlo,
prefiero sobrepensarte para recordarte.

Samuel Perejón

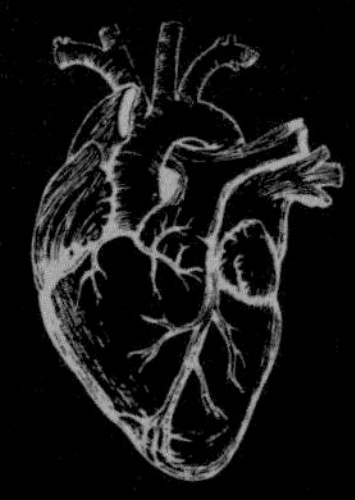

Cuando me mirabas,
sentía que me mirabas con amor.

Un amor que seguramente me inventé yo.

Sebastián Macías Sarria

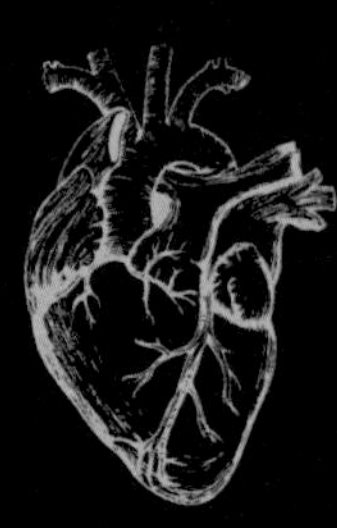

Te echo tanto de menos
que con solo mirar a otra mujer
te recuerdo.

SAMUEL PEREJÓN

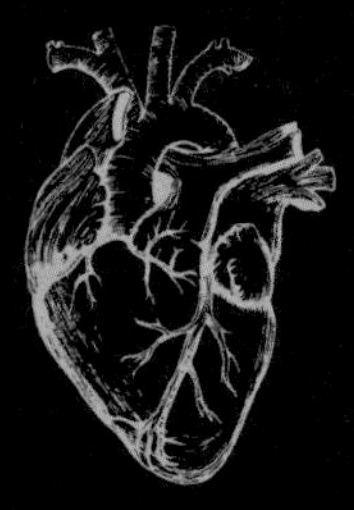

Tú viniste corriendo a abrazarme.

Al final, solo fue un bonito sueño
que repetiría todas las noches.

SEBASTIÁN MACÍAS SARRIA

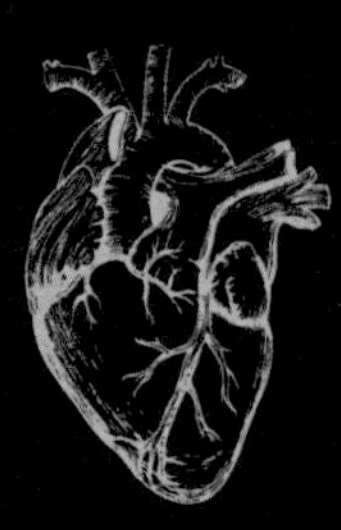

Sé que verte me hace mucho daño,
pero no hacerlo me está matando.

SAMUEL PEREJÓN

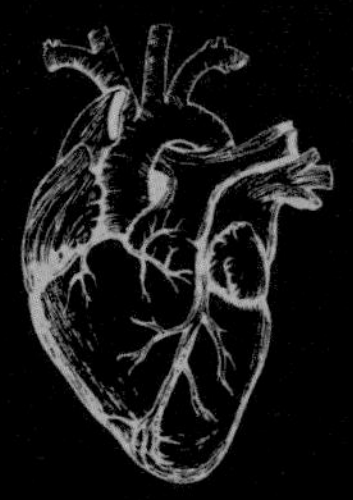

No querías que nadie me hiciera daño,
pero al final de todo me lo hiciste tú.

SEBASTIÁN MACÍAS SARRIA

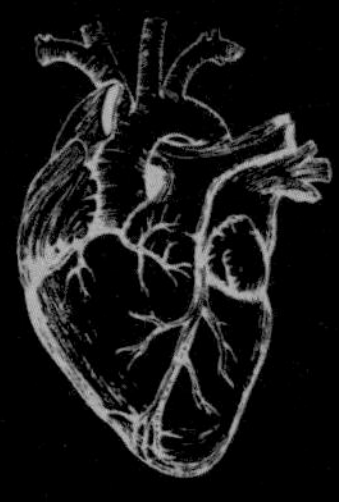

25 ¿Yo? Yo me maté en tu curva
cuando te vi sonriendo.

SAMUEL PEREJÓN

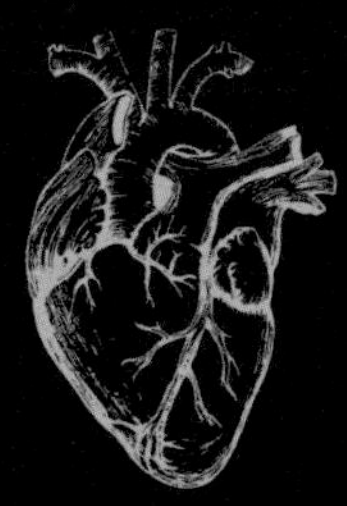

Me gustaría volver a cuando me dijiste tu nombre,
porque ahora todo es tan distinto…

SEBASTIÁN MACÍAS SARRIA

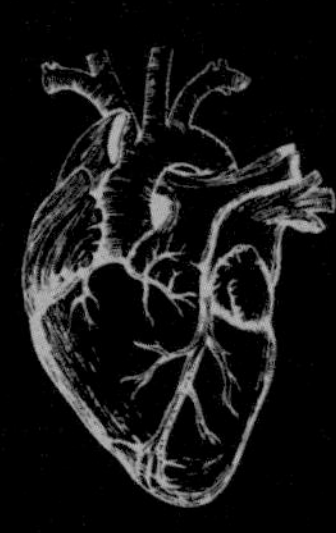

Me encanta ganar,
pero odié ganar cuando fui yo
el que amó más al otro.

SAMUEL PEREJÓN

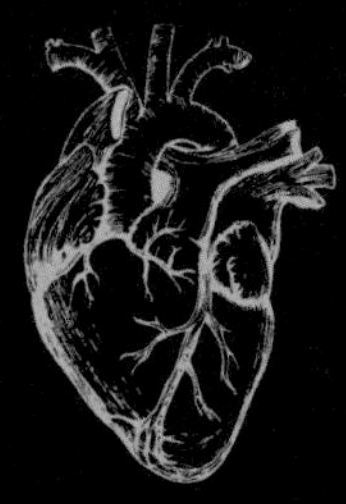

No sabrás cuánto te quiero.
Por eso pasaste de estar conmigo
a estar en mi cabeza.

SEBASTIÁN MACÍAS SARRIA

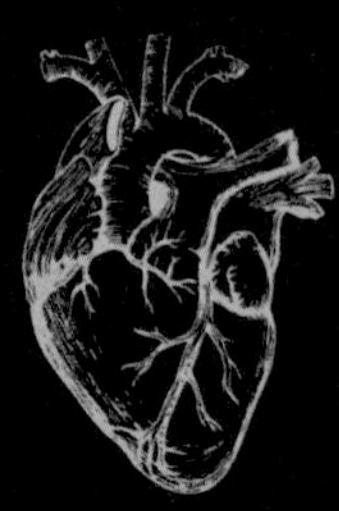

No sabía que extrañarte sería el precio de amarte.

Y ahora, al no tenerte a mi lado,
me doy cuenta de para qué suicidarme
si puedo sufrir por amor.

Samuel Perejón

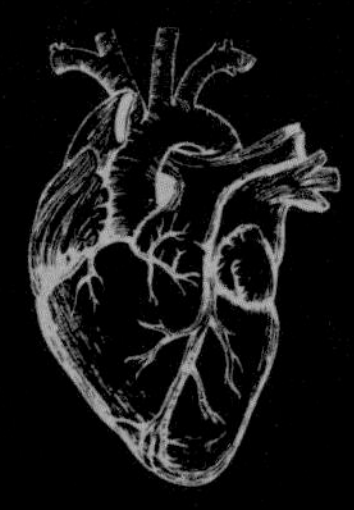

Me destrozaste de la más manera
más bella posible, pero, aun así,
sigo perdido en tu sonrisa.

SEBASTIÁN MACÍAS SARRIA

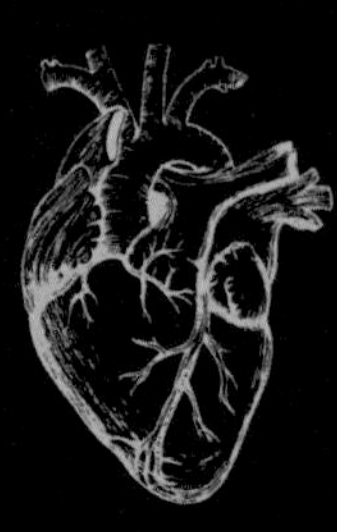

Quién soy yo para hablar del amor
si no te tengo a ti…

Y como no te tengo a ti,
me doy cuenta de que enamorarse es bonito,
pero es más bonito
si se enamoran las dos personas.

SAMUEL PEREJÓN

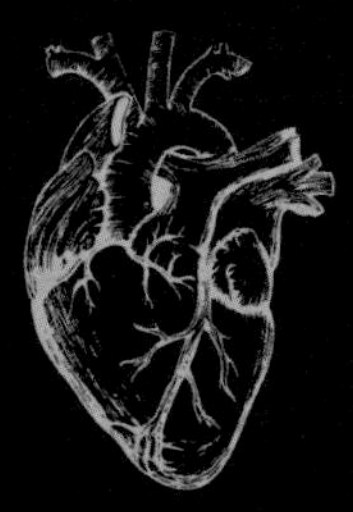

Si te vas,
devuélveme lo poco de alma
que me queda.

Y si no quieres,
por lo menos quédate junto a mí
un último minuto.

SEBASTIÁN MACÍAS SARRIA

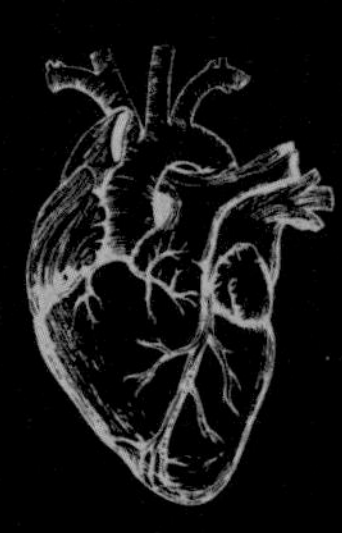

Siento que te he superado,
pero es hablar de ti y volverme a enamorar.

Porque, al parecer, fui el único
que supo amar.

SAMUEL PEREJÓN

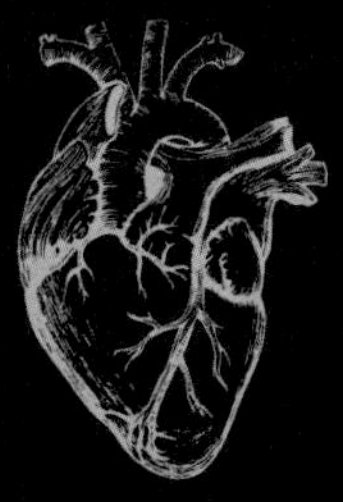

Nunca pensé que el amor de mi vida
me iba a destrozar de mil formas.

SEBASTIÁN MACÍAS SARRIA

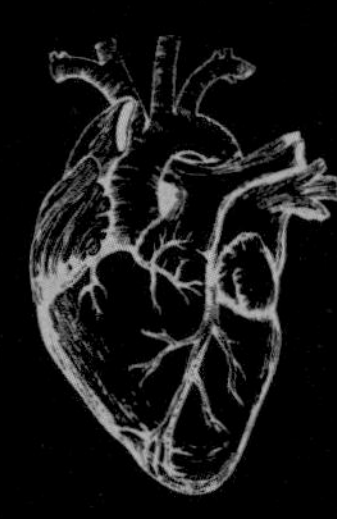

Si te tuviera que escribir algo,
te escribiría «te extraño»,
porque, la verdad, no sé vivir sin ti.

Aunque si realmente me amabas,
¿por qué me dejas ir?

Samuel Perejón

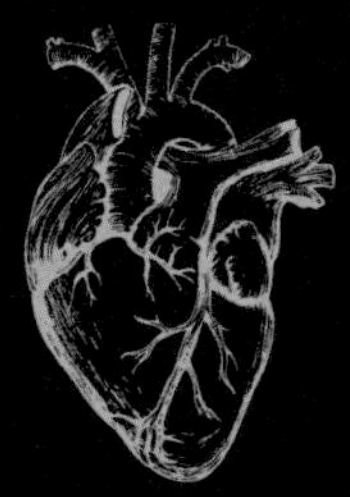

Tu voz calmaba el dolor de mi corazón
y tu sonrisa aliviaba mi alma.

Pero ahora que no estás
nada está en calma.

Sebastián Macías Sarria

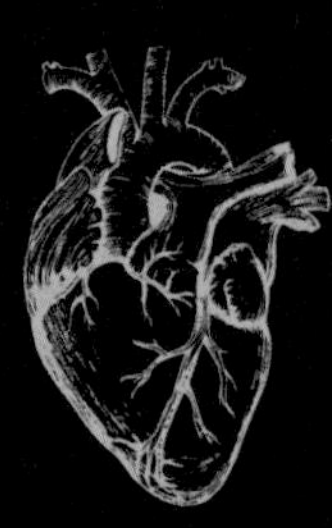

Si fuera por quererte a ti,
volvería a repetir nuestra historia.

Pero si fuera por quererme a mí,
no la habría vivido.

Samuel Perejón

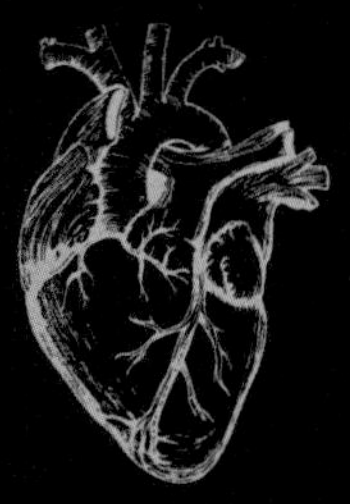

Si me preguntaran
por qué estoy enamorado de ti,
me quedaría callado,
porque ni yo sabría explicarlo.

SEBASTIÁN MACÍAS SARRIA

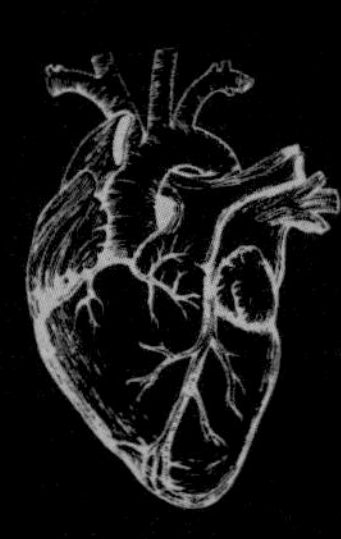

Si no vas a volver,
al menos devuélveme la parte
que me quitaste.

SAMUEL PEREJÓN

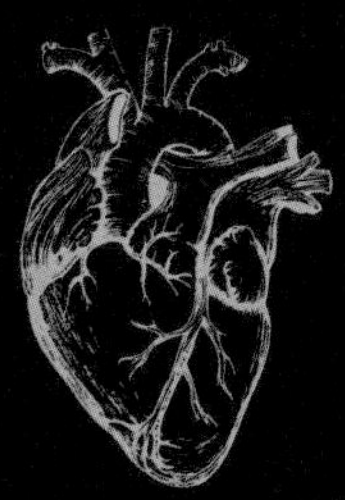

Todavía me sigo preguntando
cómo pude sentir tantas cosas
por una persona que no las merecía.

Sebastián Macías Sarria

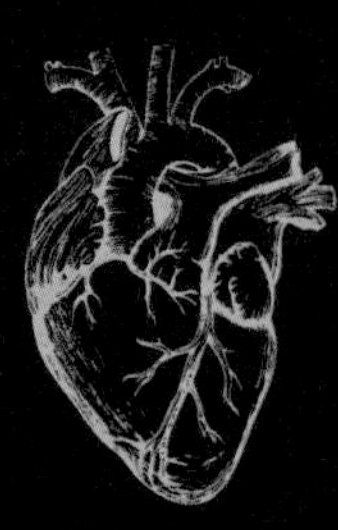

Me dio su amor
y me dijo que era verdadero.
Adivina, no lo era.

Y, la verdad, no sé si hice bien
enamorándome de ti.

SAMUEL PEREJÓN

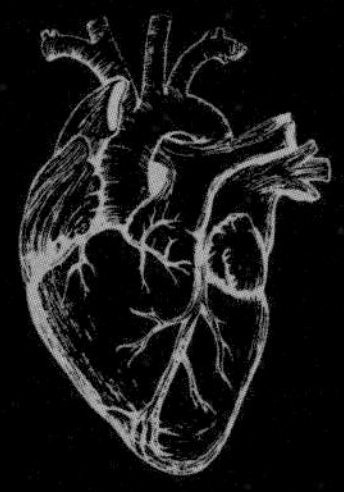

No sé si haberte conocido
fue bueno o malo…

Pero, al conocerte, me di cuenta
de que era mejor no haberlo hecho.

SEBASTIÁN MACÍAS SARRIA

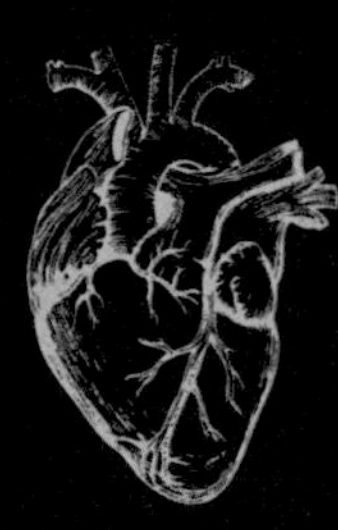

Entonces me dijo:
«Seguro que podremos ser algo».

Y yo le respondí:
«Claro que seremos algo.
Seremos desconocidos».

SAMUEL PEREJÓN

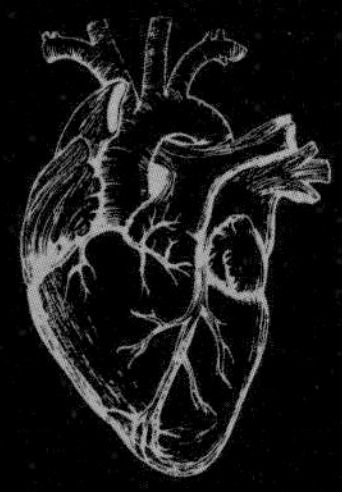

Lo siento, lo siento, lo siento,
pero te quiero demasiado para no poder pensarte.

SEBASTIÁN MACÍAS SARRIA

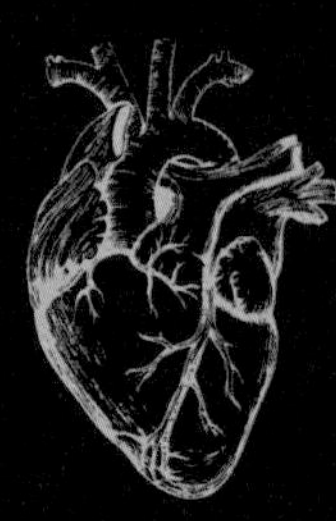

De todas las cosas que te quise decir
no te dije ninguna,
porque pensé que eso del amor
no es para mí.

SAMUEL PEREJÓN

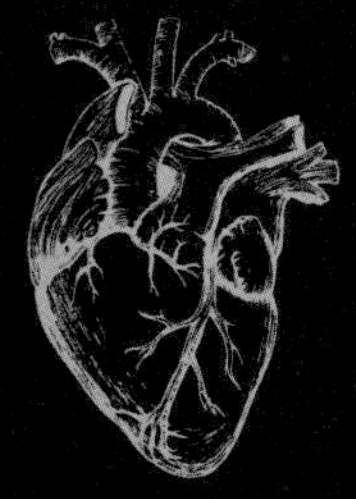

A lo mejor te preguntarás
por qué te pido perdón.
La verdad, te lo pido por darte algo
que tú nunca me diste.

SEBASTIÁN MACÍAS SARRIA

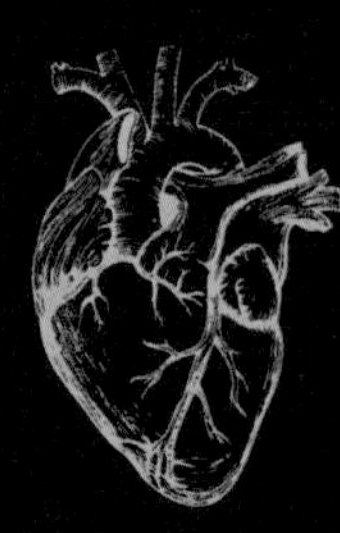

Tengo un horrible deseo de amarte y no tenerte,
que todos los días me cuesta no pensarte.

SAMUEL PEREJÓN

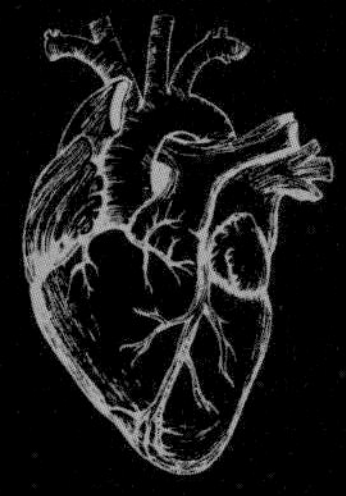

La vida suele ser hermosa,
pero… ¿lo es si tú no estás en ella?

SEBASTIÁN MACÍAS SARRIA

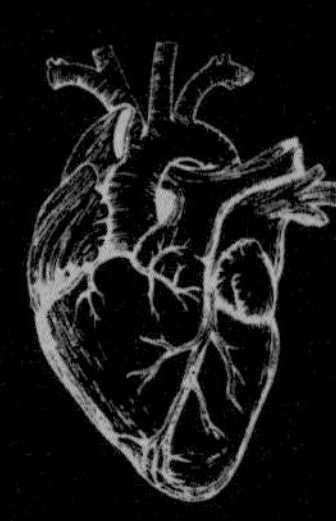

Si crees que no te olvidaré tan fácilmente,
por una vez tendrás razón,
aunque tú me dijeras
que me amarías por siempre
y me mintieras.

Samuel Perejón

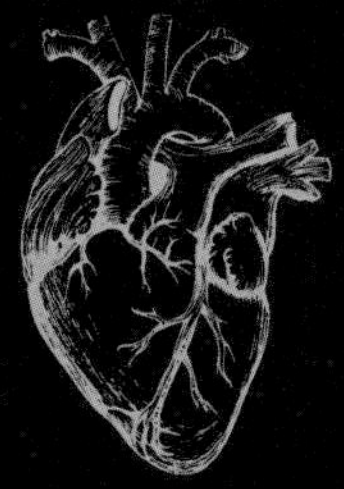

Cómo te voy a sacar de mi mente
si no te puedo sacar de mi corazón…

SEBASTIÁN MACÍAS SARRIA

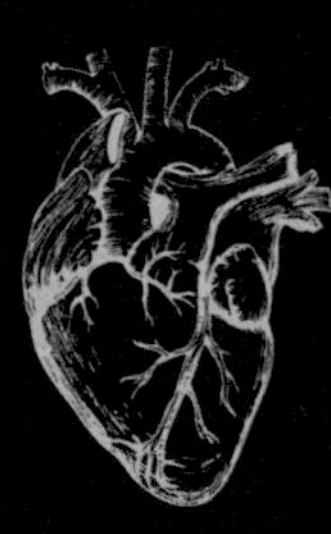

51 Tú para mí eres ese tatuaje sin tinta,
de esos que siempre podrás ver,
aunque no estés en mi vida.

SAMUEL PEREJÓN

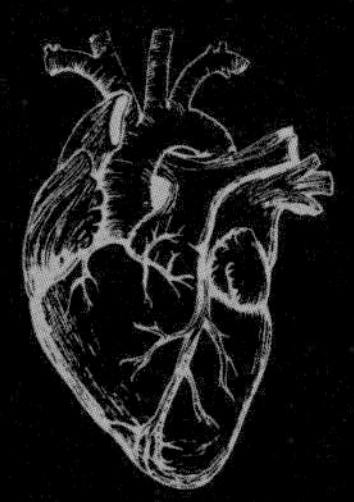

Creía que tú me hacías bien,
pero empecé a escucharme y me di cuenta
de que eras una mierda.

SEBASTIÁN MACÍAS SARRIA

Si tú fuiste la que me buscaste,
¿por qué fui yo el que acabo mal?

SAMUEL PEREJÓN

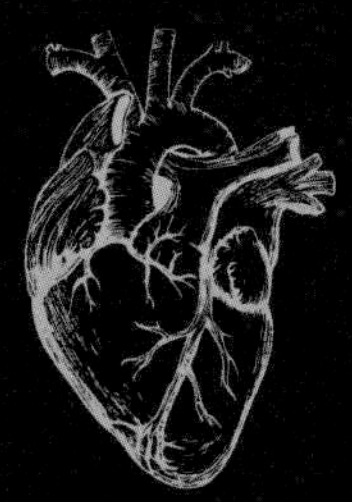

Mientras yo esperaba por ti,
tú me diste la espalda,
como si no te importara nada.

SEBASTIÁN MACÍAS SARRIA

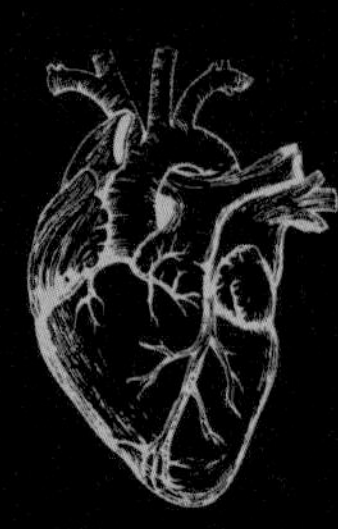

55   Yo quería ponerle
tres puntos suspensivos a nuestra historia,
pero ella le quería quitar dos.

SAMUEL PEREJÓN

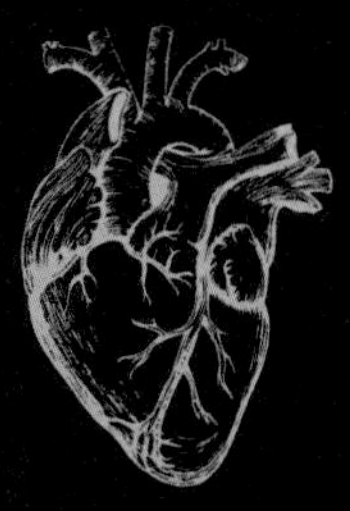

Fuiste una estrella fugaz
que iluminó mi cielo cuando más oscuro estaba.

Pero ahora que no estás nada lo ilumina.

SEBASTIÁN MACÍAS SARRIA

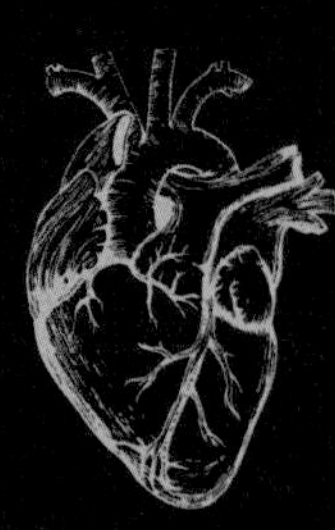

Me encantaría soltar esa piedra,
pero no habrá ninguna tan preciosa como esa.

SAMUEL PEREJÓN

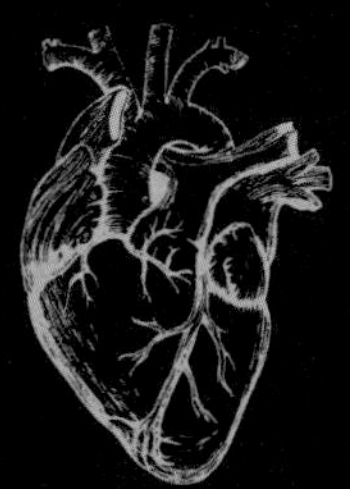

Poder besarte…
¡Buah, ojalá se haga realidad ese sueño!

Sebastián Macías Sarria

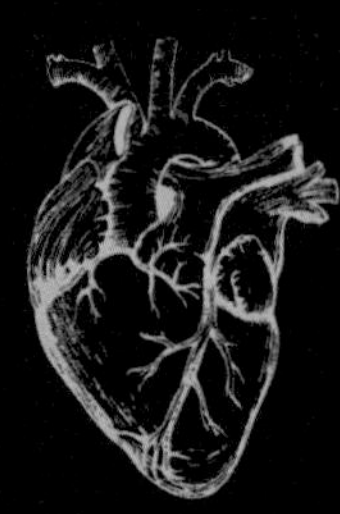

Entonces supe que esa sería la última vez
que te vería sonreír y se me cayó el mundo.

Y la verdad es que podré tener
la mejor vida del mundo,
que, si no estás tú,
todo seguiría siendo una mierda.

SAMUEL PEREJÓN

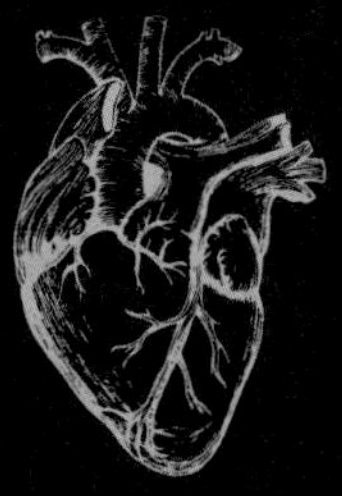

Me enamoré de tus demonios.
Me enamoré de tus defectos.
Me enamoré de tus ojos.
Me enamoré de tus labios.
Me enamoré de ti en todos tus aspectos.

Sebastián Macías Sarria

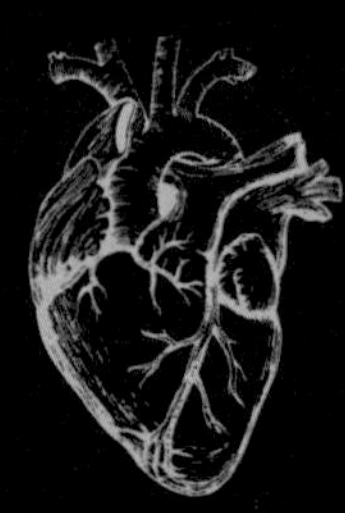

Y, por fin, tuve los cojones de poder olvidarte.

SAMUEL PEREJÓN

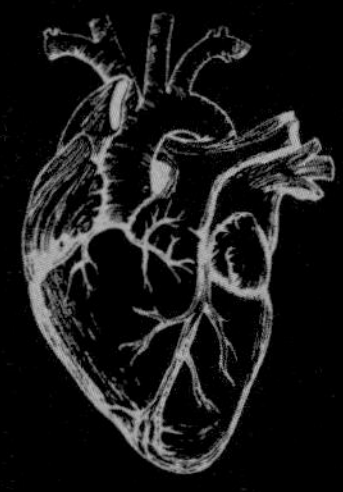

Joder, qué difícil es olvidar a alguien
que te dio tantos momentos para recordar.

SEBASTIÁN MACÍAS SARRIA

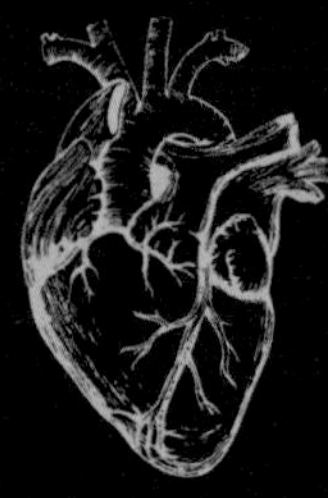

Y lo peor de todo es
que, si me rogaras el perdón, te lo daría,
porque, después de todo,
no te podré olvidar nunca.

SAMUEL PEREJÓN

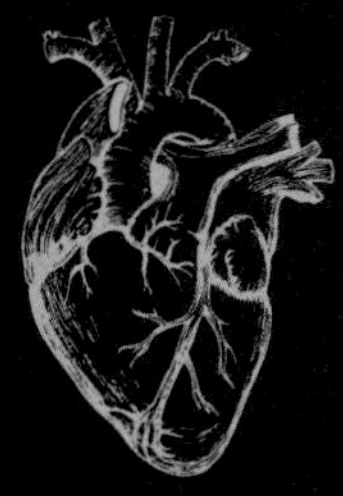

Eres el adiós que más me está costando aceptar.

SEBASTIÁN MACÍAS SARRIA

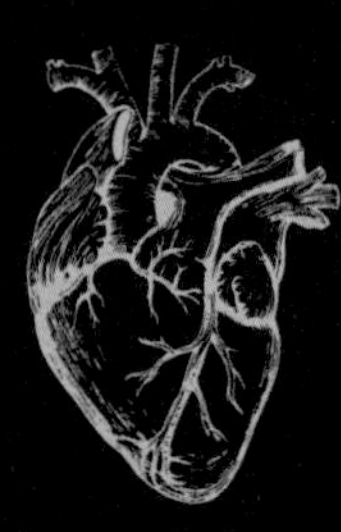

65 Y después de todo lo mal que te traté,
    tú me seguiste tratando como un rey
    y, solo por eso, te quiero, te amo
    y mereces todo lo bueno que yo te dé.

SAMUEL PEREJÓN

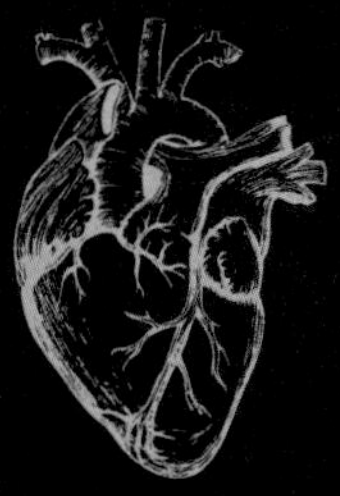

Si te traté como una reina,
dime tú por qué te fuiste.

SEBASTIÁN MACÍAS SARRIA

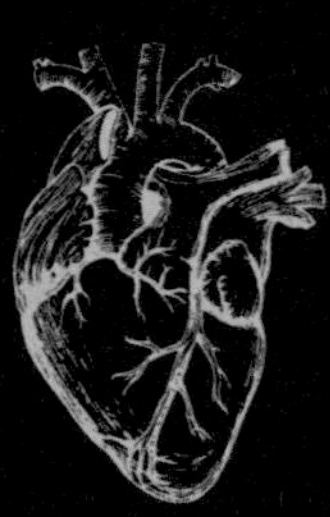

Y ahora que puedo ser todo lo cariñoso que quiero,
no puedo porque no te tengo.

SAMUEL PEREJÓN

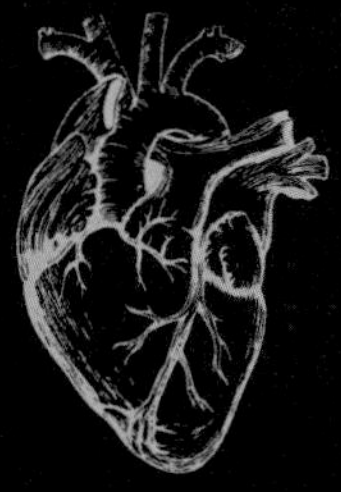

Me gustaría que estuvieras aquí conmigo
o yo junto a ti;
que estuviéramos juntos en cualquier lugar,
porque, mientras estemos juntos,
no me faltará de nada.

SEBASTIÁN MACÍAS SARRIA

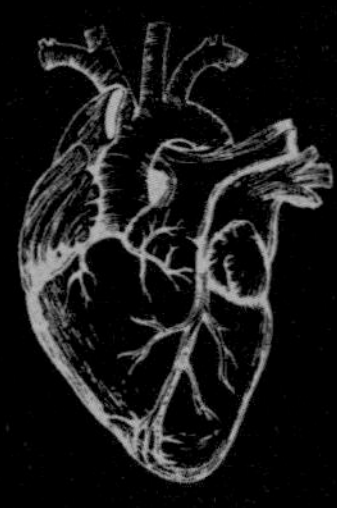

Después de todo lo que pasó y pasará,
creo que la indicada eres tú.
Por eso, quieras o no,
siempre estarás en mi corazón.

SAMUEL PEREJÓN

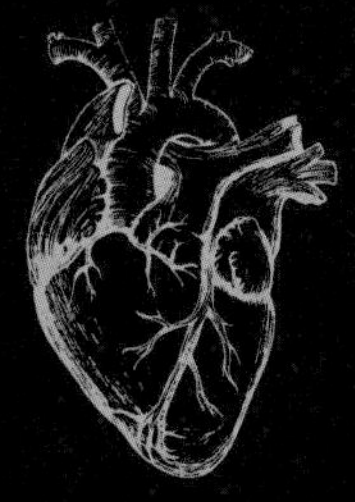

Si me partes el corazón,
por lo menos ayúdame a recoger las piezas.

SEBASTIÁN MACÍAS SARRIA

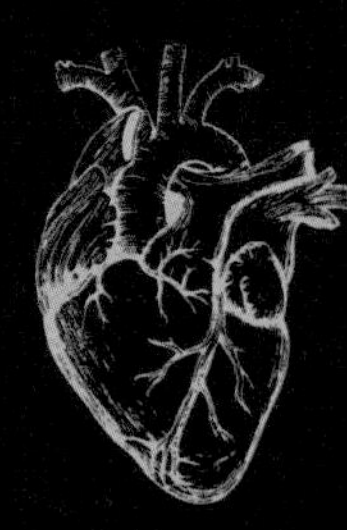

Por mucho que te ame ahora mismo,
sabes que, en el fondo, te odio.

Samuel Perejón

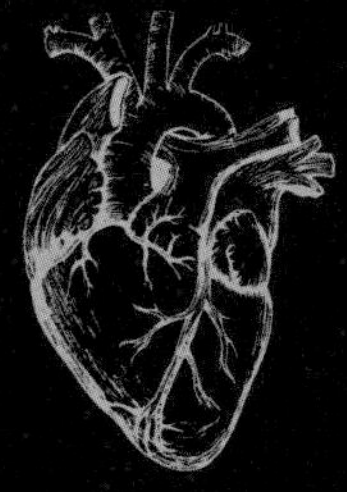

Yo, enamorado de tus demonios,
y tú de los míos…

Éramos el infierno perfecto.

Sebastián Macías Sarria

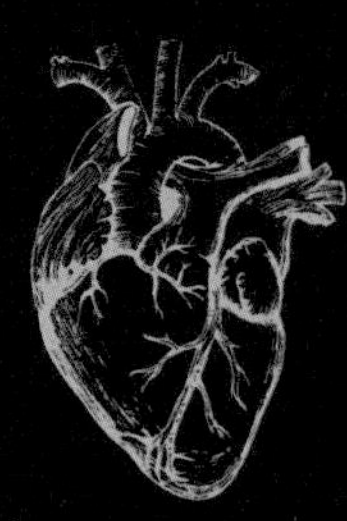

Me di cuenta de que Charles Bukowski
tenía mucha razón,
por eso no volví a estar enamorado.

SAMUEL PEREJÓN

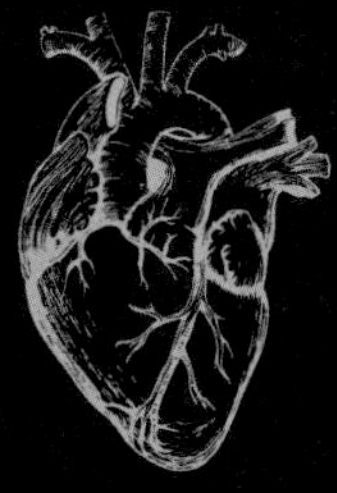

Éramos como dos piezas
que encajaban a la perfección,
pero no éramos del mismo rompecabezas.

SEBASTIÁN MACÍAS SARRIA

Hay gente que no ha encontrado al amor de su vida.
¿Qué me hará pensar que yo sí lo haré?

SAMUEL PEREJÓN

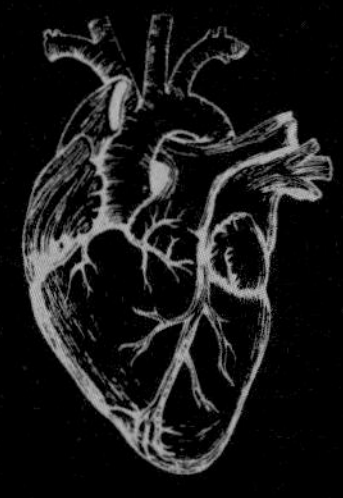

Sigo sin entender cómo un ángel
puede causar tanto dolor.

Sebastián Macías Sarria

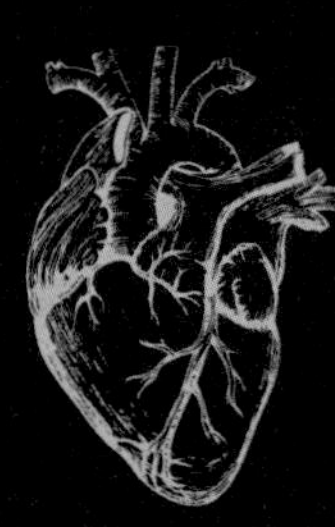

Para qué soñar con los angelitos
si puedo soñar contigo,

porque…
… tú eres mi único ángel.

Samuel Perejón

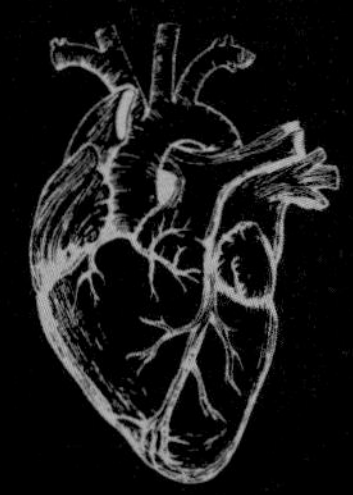

El amor es muy bonito, pero… ¿lo es para mí?

Sebastián Macías Sarria

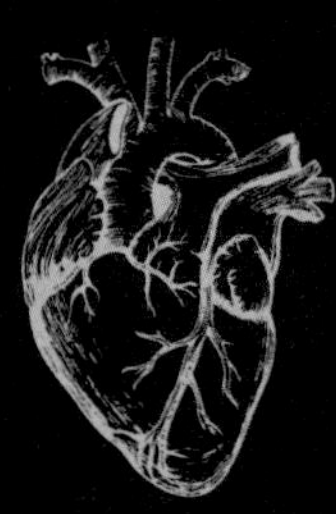

Seré un capullo,
pero este capullo daría todo de sí
solo por ti.

SAMUEL PEREJÓN

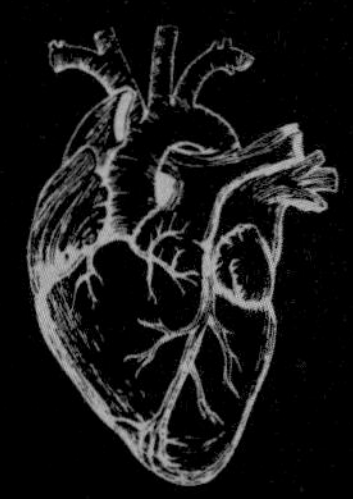

«Te odio, te odio, te odio…»,
me decía a mí mismo mientras te amaba.

SEBASTIÁN MACÍAS SARRIA

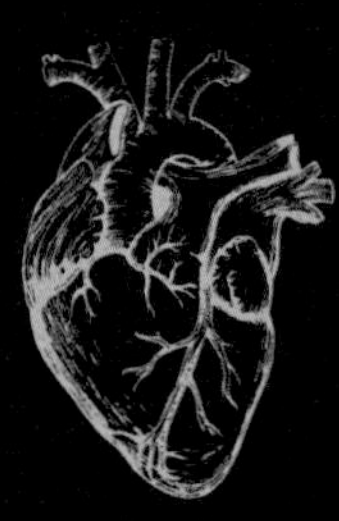

Yo sé que el amor volverá, pero… ¿tendrá tus ojos?

SAMUEL PEREJÓN

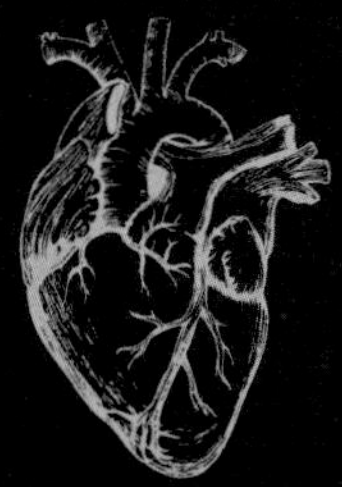

Me dijo: «No llores, no llores, no llores…»,
pero ella me destrozó de mil maneras.

SEBASTIÁN MACÍAS SARRIA

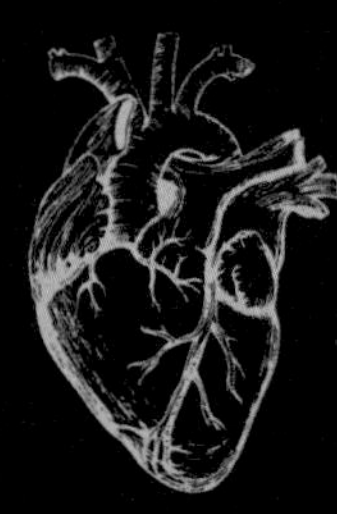

Ojalá no volviera a extrañarte más.

SAMUEL PEREJÓN

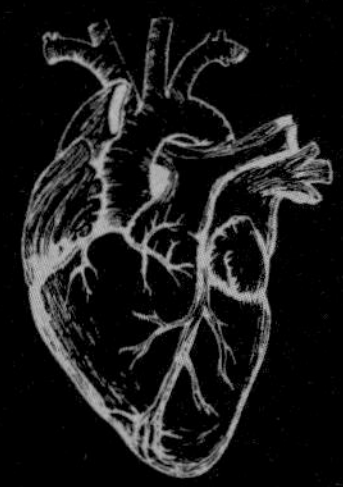

Solo con mirar nuestra foto me falta el aire.

SEBASTIÁN MACÍAS SARRIA

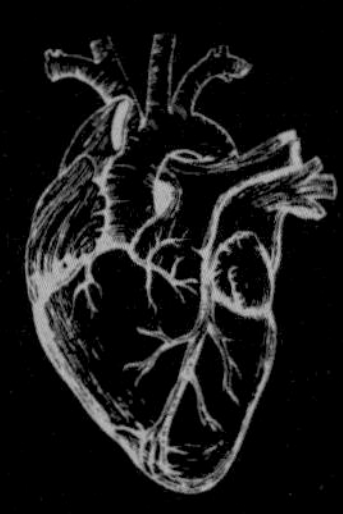

Aunque el amor me dio a entender que no existe,
yo por ti volvería a caer como un gilipollas.

SAMUEL PEREJÓN

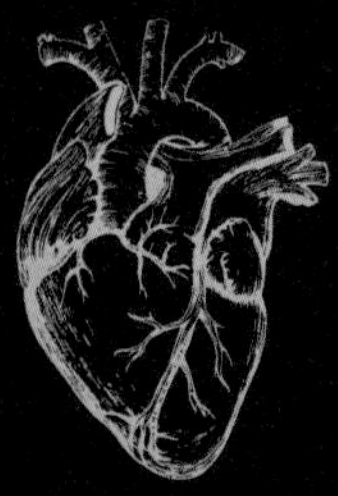

Para qué levantarme de la cama
si sé que tú no vas a estar.

SEBASTIÁN MACÍAS SARRIA

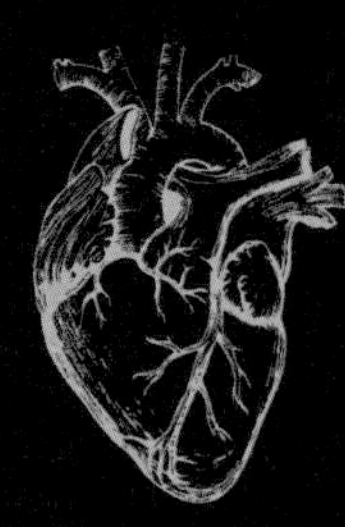

Me dijo que no quería que me fuera,
pero… no me busca.

SAMUEL PEREJÓN

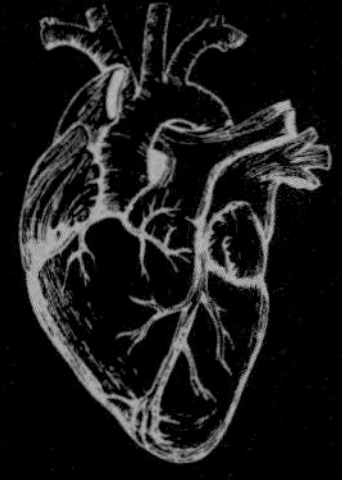

Siempre te recordaré con una sonrisa
y con lágrimas en los ojos.

SEBASTIÁN MACÍAS SARRIA

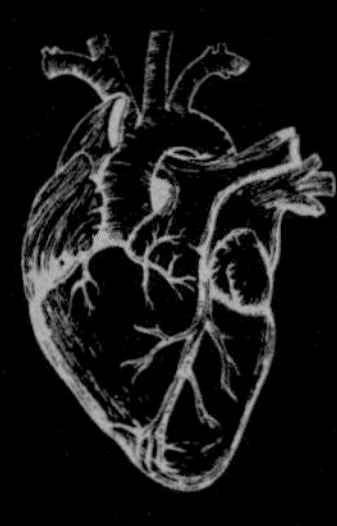

Y, por fin, conecté con alguien
que me quiere de verdad.

SAMUEL PEREJÓN

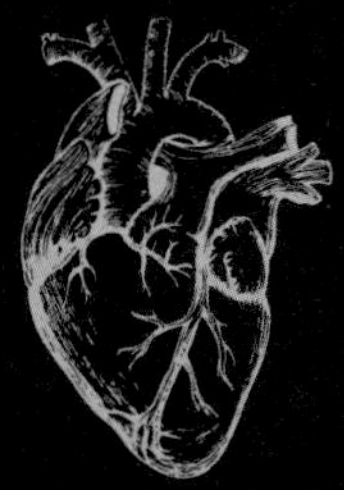

Hace tiempo que no conozco la felicidad…
Qué coincidencia que fue desde que te fuiste.

SEBASTIÁN MACÍAS SARRIA

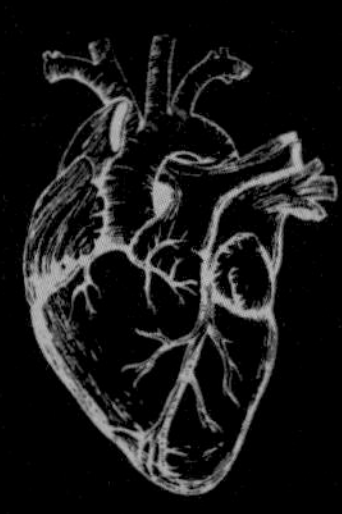

Lo que me hiciste
me lo esperaba de todas menos de ti.
Por eso, sé que hasta el amor de mi vida
puede hacerme daño.

Samuel Perejón

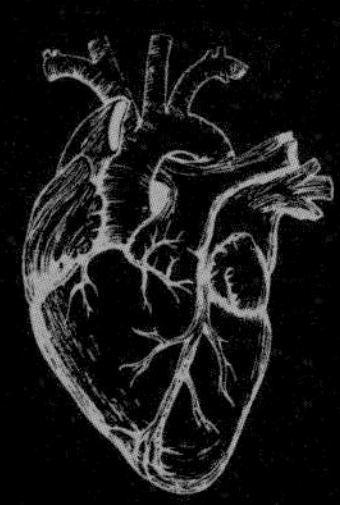

Me dijo: «Te amaré por siempre».
Al final de todo, solo yo te amaré por siempre.

SEBASTIÁN MACÍAS SARRIA

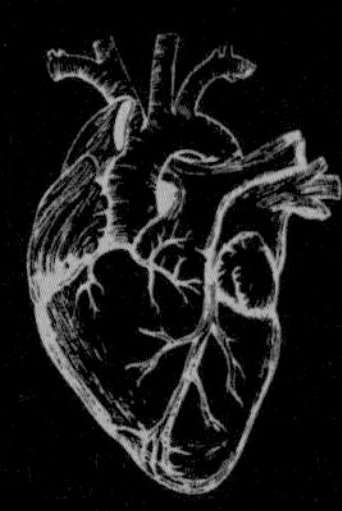

«No te enamores, no te enamores, no te enamores...»,
me decía mientras miraba tu sonrisa.

SAMUEL PEREJÓN

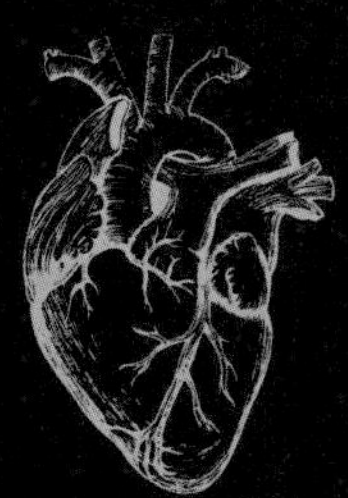

Al final, tuve razón: te cansaste de mí.

Sebastián Macías Sarria

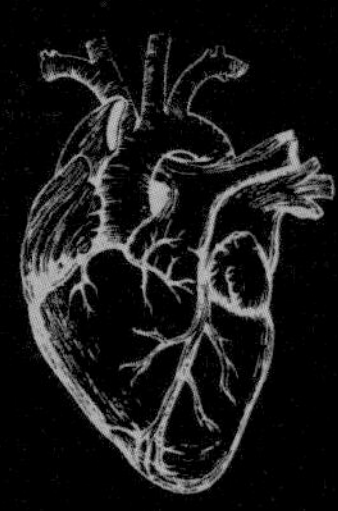

Un día me besaste y al otro me dejaste de hablar.
Después me dices que no me quieres perder.

SAMUEL PEREJÓN

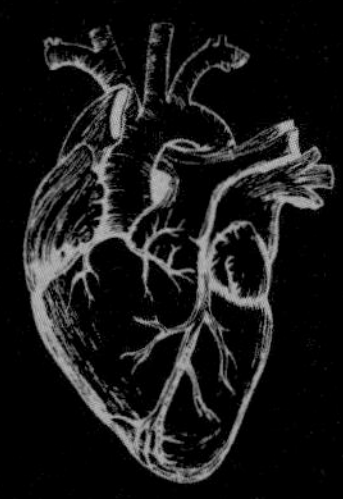

Si supieras cómo te lloré esa noche, te odiarías.

SEBASTIÁN MACÍAS SARRIA

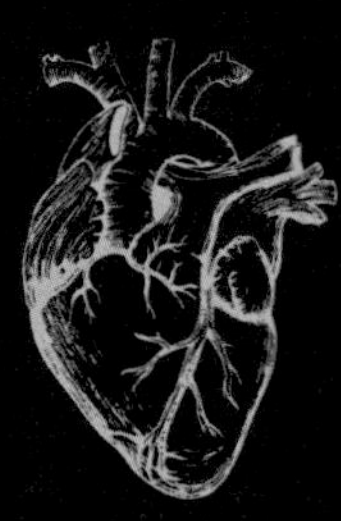

Si hablo de tristeza, hablo de dolor
y si hablo de dolor…
… hablo de ti.

Samuel Perejón

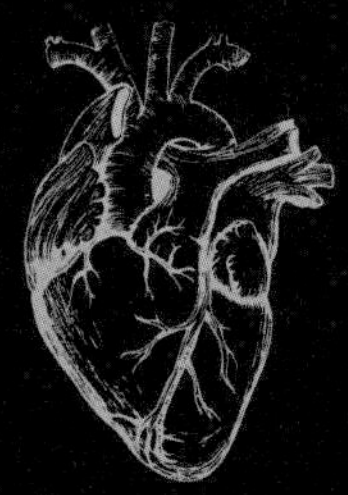

Viniste corriendo para abrazarme
y me dijiste que te importaba.

Pero… me desperté.

SEBASTIÁN MACÍAS SARRIA

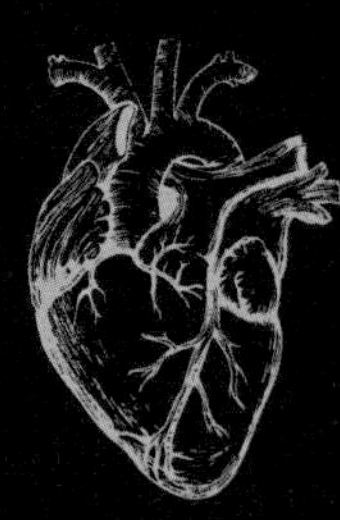

Me envío una foto de sus ojos
y pude ver todo el universo.

SAMUEL PEREJÓN

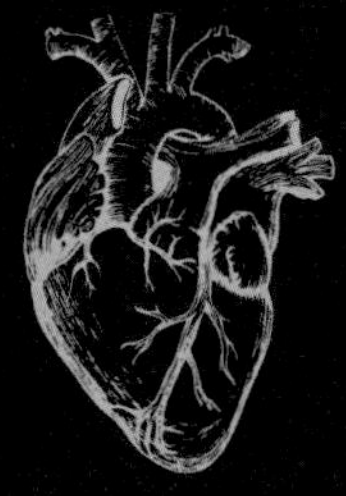

Eres ese abrazo que me hace falta cada día.

Sebastián Macías Sarria

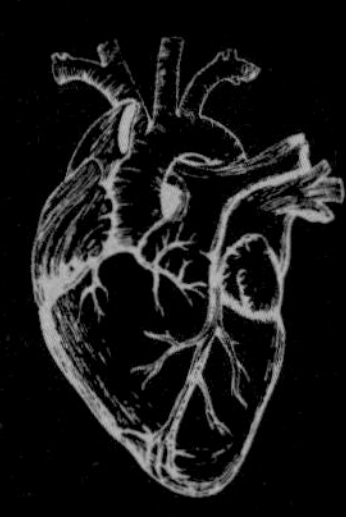

Joder, cómo duele verte y no poder besarte.

SAMUEL PEREJÓN

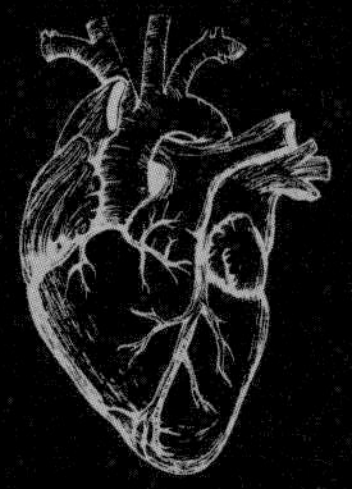

Ya no duermo por miedo a soñarte
y que de mí no formes parte.

Sebastián Macías Sarria

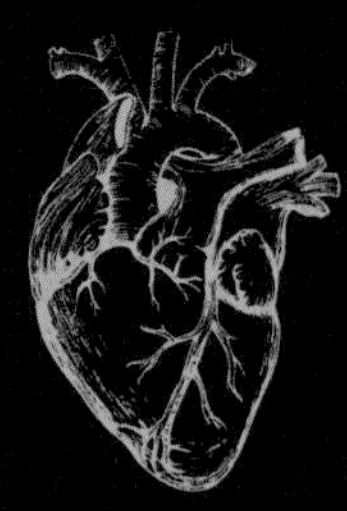

103   Y aunque sé que no debería ser así,
te amo y te amaré por siempre.

SAMUEL PEREJÓN

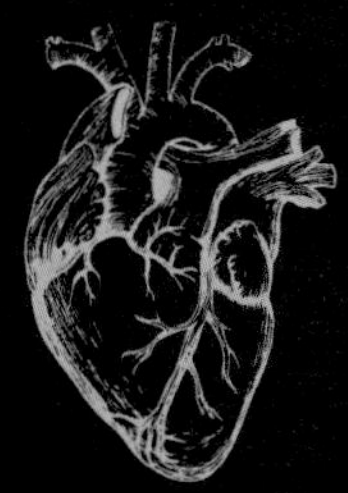

Después de todo, tú fuiste la persona
que me enseñó el significado de amar.

Sebastián Macías Sarria

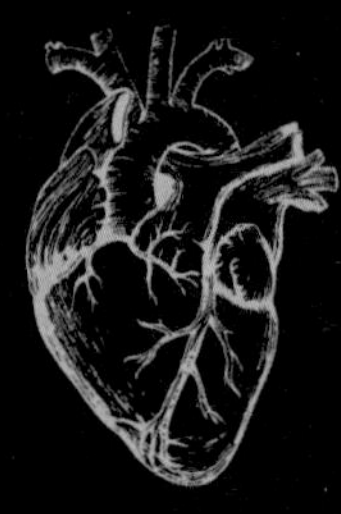

Sí.
Después de todo lo que me hiciste,
te volvería a elegir a ti,
porque… no me arrepiento de nada.

Samuel Perejón

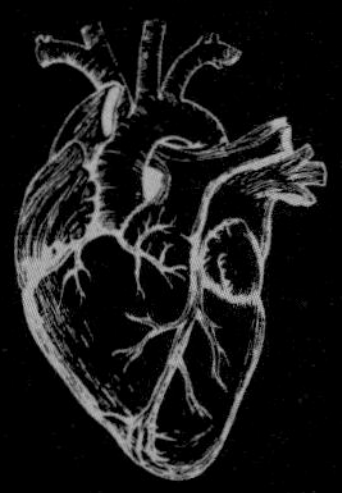

Gracias a la escritura de este libro he tenido la oportunidad de poder comprenderme a mí mismo y darme cuenta de que, aunque hay personas que te pueden hacer daño y que pueden cometer errores, deberían irse de mi vida. Pero gracias a una persona muy especial, como lo es para mí mi mejor amiga, sé que esas personas se deben quedar, porque todos somos humanos y tenemos derecho a una segunda oportunidad.

Muchas gracias por leer este libro.

SAMUEL PEREJÓN

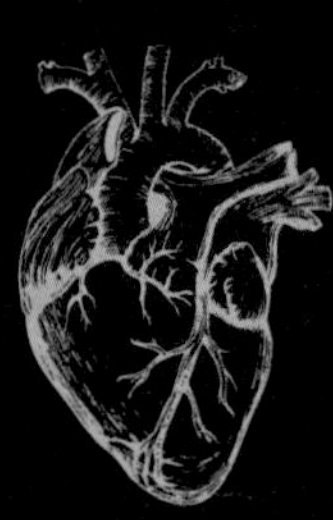

Gracias al proceso de escritura de este libro he tenido la oportunidad de desahogarme y también de entenderme más y, aunque haya personas que te puedan hacer daño, hay que seguir creyendo en el amor, que seguro que llega la persona indicada. Muchas gracias por leer este libro, de verdad.

SEBASTIÁN MACÍAS SARRIA

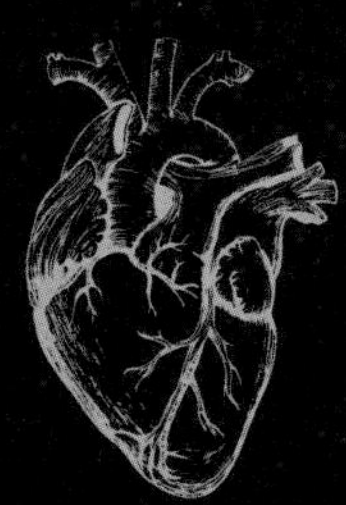

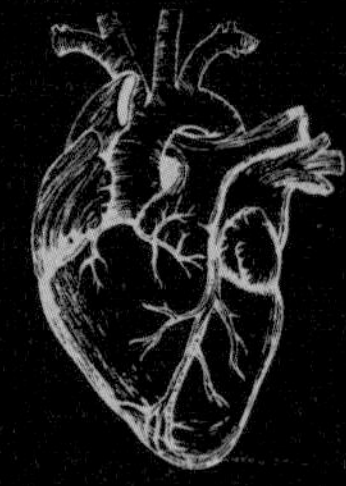

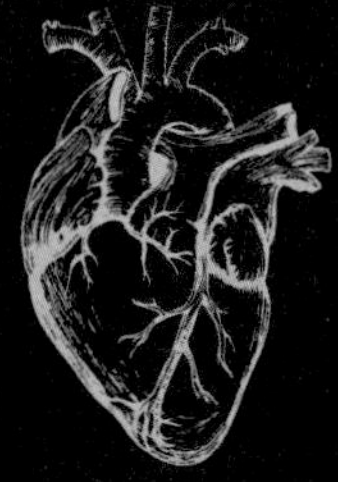